Frauen verführen - Flirten lernen für Männer

Lerne wie du Frauen ansprechen kannst

von Autor

Anna Ettenberg

ISBN: 9798603694276

Inhaltsverzeichnis

Vorworte

Frauen sind den meisten Männern ein Rätsel, vor allem, wenn es um die Eroberung des weiblichen Geschlechts geht. Es scheint unmöglich Frauen anzusprechen, ohne sich zum Deppen zu machen? Bist du dieser Meinung, dann kennst du diese ultimativen Tricks noch nicht. Es gibt viele Frauen, die sich ansprechen lassen und die auch an einem Flirt wahrlich interessiert sind.

Wie du bei diesen Frauen überzeugen kannst, soll dir dieser Ratgeber zeigen. Es ist kein Wunderwerk und auch kein Geheimnis. Frauen lassen sich ganz einfach ansprechen und auch zum Flirt abholen.

Ich möchte dir mehr verraten und dir mehr aufzeigen, wenn es um die Frau von heute und das Kennenlernen dieser Spezies geht. Dabei will ich dir erklären, wo die Unterschiede zwischen Männer und Frauen liegen und wie du jede Frau ansprechen kannst.

Ich wünsche dir nun viel Spaß mit diesem Ratgeber und hoffe, du kannst danach bedenkenlos auf Frauen zugehen.

Mann und Frau: Ein Spiel mit dem Feuer

Männer und Frauen könnten nicht unterschiedlicher sein, als sie es heute offensichtlich sind. Welten scheinen die beiden Geschlechter voneinander zu trennen. Die Mehrheit würde das als logische Schlussfolgerung interpretieren. Es ist vollkommen normal, dass Männer und Frauen nicht gleich sind, weder emotional noch rational. Doch genau das ist der entscheidende Punkt, warum immer mehr Paare sich trennen und immer mehr Männer alleine bleiben.

Frauen anzusprechen scheint ein Drahtseilakt zu werden. Deswegen möchte ich dir in diesem Buch vermitteln, wie du Frauen ansprechen lernst und was du dabei zu beachten hast. Um zu erlernen wie man eine Frau am besten kontaktieren kann und dabei auch noch mit einem Erfolg aus der Situation herausgeht, muss man verstehen, was die Unterschiede zwischen Männer und Frauen sind. Das wird also das erste Thema werden, welches ich dir nun erläutern möchte.

Was unterscheidet beide Geschlechter in einer Beziehung

Männer und Frauen kommen von unterschiedlichen Planeten. So scheint die allgemeine Definition zu sein, wenn man beide Geschlechter betrachtet. Ein Grund sind die unterschiedlichen Gehirnfunktionen. Stimmt das wirklich? Kannst du dir vorstellen, dass dein Gehirn anders funktioniert als das einer Frau. In manchen Situationen möchte man das glauben. Ein Klick durch die Medien zeigt schnell, dass viele Grundlagen gefunden wurden, warum du anders reagierst als eine Frau. Das Gehirn der Damen soll besser durchblutet sein und dass der Männer ist schwerer. Frauen wollen etwas fühlen, Männer lieber systematisieren. Da ist es doch ganz logisch, dass Frauen anders ticken als der Mann. Doch der Mythos lässt sich wissenschaftlich nicht beweisen. Forscher untersuchen das Gehirn des Menschen seit vielen Jahren und finden bei Männern und Frauen keine nennenswerten Unterschiede. Ein Merkmal taucht gelegentlich immer wieder auf. Die Unterschiede der Gehirne zwischen Mann und Frau sind laut Forschungen so gering, dass es sich nicht erkennen ließe, ob dabei nennenswerte Verhaltensänderungen vorhanden sind.

Trotzdem kannst du jeden Tag Unterschiede im Verhalten der beiden Geschlechter erkennen. Der Fakt wirft Fragen auf, die in der Wissenschaft nun Antworten liefern sollen. Wissenschaftler haben erkannt, dass es durchaus einen Teil im Gehirn gibt, der diese Unterschiede hervorrufen kann. Es handelt sich um einen sehr kleinen Teil, der tief im evolutionären Bereich des Gehirns zu finden ist. Ich rede vom Zwischenhirn, dessen Funktionen recht banal erscheinen, wenn man sich anschaut, was unser Gehirn alles leisten kann. Die Funktionen sind evolutionär bedingt und nicht viel ansprechender als bei anderen Säugetieren. In diesem kleinen Teil deines Gehirns sitzt ein kleiner Nervenzellkern, den die Wissenschaft als Nucleus Präopticus Medialis beschreibt.

Hinweis: Der Nervenzellkern ist ein Zusammenschluss aus Nervenzellen, welche eine besondere Aufgabe übernehmen.

Die Aufgabe des Nervenzellkerns liegt im Sexualzentrum, welches Mann und Frau deutlich voneinander zu unterschieden scheint. Der Nucleus Präopticus Medialis steuert und verwaltet das typische sexuelle Verhalten des Mannes. Dominanz, Aggressionen oder auch der Sexualtrieb werden in diesem kleinen Punkt gesteuert. Erstaunlich ist, dass Frauen diesen Knotenpunkt nicht besitzen.

Bei Frauen werden Dominanz und Aggressionen oder sexueller Antrieb von verschiedenen Nervenkernen im Zwischenhirn gesteuert. Der Nucleus Präopticus Medialis ist bei Männern demnach doppelt so groß wie bei Frauen. Der Nervenzellkern ist demnach der einzige Aspekt, den Forscher finden konnten, um die Unterschiede zwischen Männer und Frauen zu definieren.

Dieser besondere Unterschied wird bei Männern und Frauen schon recht früh erkannt und entwickelt. Bereits in der Schwangerschaft hat die Evolution damit begonnen, den Knotenpunkt als Unterscheidungsmerkmal zu etablieren. Erklärt das aber wirklich, warum Männer seltener weinen als Frauen oder warum Frauen immer direkt emotional reagieren müssen?

Verantwortlich sind für diese emotionalen Unterschiede Hormone und besonders das Stresshormon Cortisol. Es steuert Angst, Panik und auch empfundene Bedrohungen. Was das alles mit den Unterschieden zwischen Männer und Frauen zu tun haben kann, dass definiert ein Regelkreis der Hormone am besten.

Cortisol ist ein Hormon, welches verschiedene Emotionen im Körper auslösen kann. Angst, Stress, Trauer und auch Panik sind durch dieses Hormon und seine Konzentration gesteuert. Erstaunlich ist, dass du als Mann weniger anfällig für Cortisol bist, denn dein Testosteron hemmt den Cortisolspiegel. Frauen haben einen geringeren Testosteronspiegel und sind demnach für Stress und die Auswirkungen anfälliger. Wissenschaftler gehen davon aus, dass die hormonellen Grundlagen bereits im Mutterleib entstehen, wodurch wir uns alle in der Verhaltensentwicklung unterscheiden.

Mit dieser Annahme wird nicht nur der emotionale Unterschied beschrieben, sondern auch verschiedene rationale Verhaltensaspekte. Ein gutes Beispiel ist das räumliche Vorstellungsvermögen, welches du als Mann deutlich ausgeprägter besitzt. Bei Frauen ist diese Gabe nicht wirklich gut vorhanden. Forscher gehen also nun davon aus, dass die Hormone dabei eine Rolle spielen.

Dass du dich von Frauen unterscheidest, hängt also nicht damit zusammen, dass ihr von unterschiedlichen Planeten kommt, sondern der Nervenzellkern Nucleus Präopticus Medialis und die Hormonzusammenstellung erzeugen die Unterschiede schon frühzeitig. Merkmale die nicht nur Vorteile bringen können, sondern auch oftmals Probleme und Nachteile. Trennungen in einer Beziehung sind nicht selten zu verzeichnen, wenn die Unterschiede nicht überbrückt werden können.

Musstest auch du bereits Trennungen in deinem Leben durchleben und erfahren? Dann wird es dich interessieren, woran die Trennung gelegen haben kann. Unüberbrückbare Differenten sind nicht selten der Fall. Doch woher kommen diese Differenzen, die man sich sehr oft selber einzureden scheint. Diese Frage möchte ich nun mit dir zusammen klären.

Was führt zur Trennung- Die Ursachen

Trennungen sind nicht sonderlich angenehm, weder für den leidenden Partner noch für den, der sich trennt. Nachdem die emotionalen Wogen geglättet sind, fragt man sich oft WARUM. Die Gründe für eine Trennung sind sehr unterschiedlich, beeinflussen aber oftmals das Leben. Deswegen möchte ich dir in diesem Kapitel die häufigen Gründe benennen, die jetzt auch dich zum Single gemacht haben.

Trennungen zwischen zwei Menschen entstehen immer dann, wenn emotionale oder auch rationale

Schwierigkeiten auftreten, die man offensichtlich nicht überwinden kann.

Die häufigsten Gründe, die man bei einer Trennung finden kann:

1. Betrug am Partner: Leider eine sehr häufige Form, warum eine Beziehung das Ende findet. War man Opfer eines Betruges, dann sitzt der Schmerz sehr tief. Kaum in Worte zu fassen, fühlt man sich benutzt, betrogen und in seiner Persönlichkeit angegriffen. Das Vertrauen, welches man der Person entgegengebracht hat, ist in dem Falle zerbrochen. War man nicht das Opfer, sondern der Täter, ist oftmals das schlechte Gewissen ein Grund für die Trennung oder die Offenbarung.
2. Zu wenige Gemeinsamkeiten: In dem Fall meine ich nicht die Gemeinsamkeiten in der Evolution, sondern einfach die der Interessen. Männer und Frauen haben andere Interessen, das ist sicherlich kein Geheimnis. Das beginnt schon bei der Filmauswahl. Während die Frauen auf Romanzen stehen, wollen Männer Aktion und jede Menge Blut. So wird es angenommen. Aber auch in diesem Falle möchte ich nicht alle über einen Kamm scheren. Bemerkt ein Paar, dass es keine

Interessen gibt, die man gedanklich oder auch emotional teilen kann, kann es schnell zu einem Problem kommen. Natürlich möchte man in einer Beziehung seinen Hobbys und Interessen nachgehen. Zeigt der Partner dafür kein Verständnis oder Desinteresse, kommt es dazu, dass sich beide Partner auseinanderleben und empfänglich für andere Mitmenschen sind.

3. Unterschiedliche Gefühle: Jeder Mensch liebt anders. Das ist kein Geheimnis, wir sind alle verschieden. Der eine kann emotionale Gefühle schneller zulassen und zeigen, der nächste scheint eher kühl zu sein. Sind die Unterschiede jedoch deutlich zu spüren, kann das zu einer Trennung führen.
4. Streitigkeiten: Streit ist in einer Beziehung normal, solange dieser Streit gesittet abläuft. Nehmen die Streitigkeiten jedoch überhand, dann kann dies schnell zu einem Problem führen. Besonders wenn zwei Menschen zusammenleben wollen, kommt es anfänglich zu Meinungsverschiedenheiten. Für rund 10 Prozent aller Männer ist ein Streit in einer Beziehung der Grund für eine Trennung. Streitigkeiten können verschiedene Ursachen haben. Neben dem Klassiker Eifersucht ist

oftmals auch die Ordnung in der gemeinsamen Wohnung ein Punkt. Aber auch die Aufteilung der täglichen Aufgaben kann zu einem Problem werden.

Es gibt viele Gründe, warum sich ein Paar trennt oder sich entscheiden will getrennte Wege zu gehen. Hast auch du gerade eine Trennung durchlebt, dann kennst du den Auslöser vielleicht. Streit ist einer der häufigsten Ursachen, warum sich ein Paar trennt. Egal wie harmonisch eine Beziehung ablaufen mag, es kann immer mal wieder zu einer Auseinandersetzung kommen. Meinungsverschiedenheiten bedeuten natürlich nicht, dass die Partner weniger Gefühle haben. Es ist lediglich ein Anzeichen für unterschiedliche Ansichten. Der Schlüssel, um einen Streit zu vermeiden oder ihn gesittet ablaufen zu lassen, ist der Kompromiss. Respekt ist eine weitere Zutat, die man unbedingt bei einem Streit beachten sollte.

Warum Trennungen schmutzig ablaufen

Warum verlaufen manche Trennungen gesittet und andere wiederum schmutzig ab. Diese Frage stellst du dir sicherlich, wenn du schon einmal eine solche

Trennung durchleben musstest. Um das genauer zu erklären, muss man wissen, was in dem Moment „schmutzig“ bedeutet.

Als eine „schmutzige“ Trennung bezeichnet man das Beziehungsende mit vielen emotionalen Momenten. Wird eine Beziehung beendet, dann sind immer Gefühle des Verlustes mit integriert. Dieses Gefühl kann dazu führen, dass Menschen zu gefühlsbetonten Reaktionen verleitet werden, insbesondere dann, wenn der Verlust von einer Seite herrührt. Entscheidet man sich, eine Beziehung zu beenden, ohne dass der Partner das „Einverständnis“ gibt, ruft man mit dieser Entscheidung nicht nur negative Gefühle hervor, sondern auch Verlustangst, Trennungsschmerz und Liebeskummer.

Dieses sind Gefühle, die den Menschen übermannen können und dazu führen, dass man irrational denkt und handelt. In diesem Karussell der Sinnesempfindungen kommt es oftmals zu emotionalen Handlungen und unkontrollierten Gefühlsausbrüchen. Der Grund ist folgender: Das Opfer der Trennung möchte sich emotional entladen und dem Expartner die gleichen negativen Gefühle zumuten, die das Opfer selber empfindet.

Liebeskummer, Verlustängste und Trennungsschmerz können oftmals nur schwer ertragen werden. Sie verlocken dazu, sich am Partner „rächen“ zu wollen. Angst, Wut und Frustration sind unter anderem die bekannten Emotionen, die bei Trennungsschmerz entstehen. Verlustangst hingegen zeigt sich oft durch Abhängigkeit. Man kann den Expartner einfach nicht loslassen. Liebeskummer kann ähnliche Emotionen und Symptome hervorrufen und bietet dem Betroffenen oftmals nicht genug Raum, um sich selber rational mit der Trennung zu befassen. Das führt zu Problemen in der Trennungsphase.

Tipp: Wie kann eine Trennung sauber ablaufen:

1. Den richtigen Moment suchen. Also nicht zwischen Tür und Angel die Trennung durchlaufen und auch nicht im Streit.
2. Dem Partner zeigen, dass etwas nicht stimmt: Versuche nicht eine liebvolle Welt zu definieren oder sie aufrechterhalten zu wollen. Wenn etwas nicht stimmt, dann zeige das dem Partner.
3. Sich die Worte zu überlegen, kann ebenfalls helfen, wenn man die Trennung durchleben muss.

4. Keine Schuldzuweisungen: Diese sind immer ein Nachteil, wenn man sich in der Trennung befindet.
5. Räumliche Trennung: Um Abstand zu erhalten, sollte man eine räumliche Trennung in Betracht ziehen.

Was ist, wenn ich das Opfer bin? Dann solltest du versuchen, die Gefühle zuzulassen, sie aber nicht als Waffe zu verwenden. Natürlich ist es schlimm, wenn man mit Liebeskummer und auch Trennungsschmerz umgehen muss. Du solltest aber immer bedenken, dass ein Beziehungsende auch der Anfang einer neuen Beziehung sein kann. Halte dir vor Augen, dass deine Beziehung positive und negative Aspekte hatte. Überwiegen die negativen, ist es sinnvoll, eine Trennung zu akzeptieren.

Wann läuft eine Trennung gesittet ab

Neben dem sehr emotionalen Beziehungsende kann man natürlich auch das gesittete Ende finden. In dem Falle sind sich beide Partner über die Trennung einig und wollen sich den Weg in eine neue Zukunft nicht verbauen. Gesittet läuft eine Trennung immer dann ab, wenn die Gefühle auf beiden Seiten nicht mehr so stark oder gar nicht mehr vorhanden sind. Das kann nach längeren Beziehungen durchaus der Fall sein, wenn sich die beiden Partner nicht mehr vollständig aufeinander einlassen und die Gemeinsamkeiten im Sande verlaufen. Auch wenn eine Trennung sehr anständig verläuft, sollte man sich immer auf seine Manieren besinnen. Trennt euch im Guten und versucht die gemeinsame Zeit nicht nur mit negativen Aspekten zu verbinden. Denn jede Beziehung hat auch Vorteile und schöne Seiten gehabt.

Ordentlich kann eine Beziehung allerdings auch beendet werden, wenn man offen und ehrlich mit dem Partner über das Ende und die Gründe spricht. Oftmals liegt nach dem anfänglichen Schock das Verständnis auf beiden Seiten.

Wähle für eine Trennung, die ordentlich ablaufen soll, einen ruhigen Ort. Nutze die Minuten für Erklärungen und zeige Verständnis. Verstehe auch die Gefühle des anderen und vielleicht die eine oder andere Träne. Bist du die Person, die nun die Rolle des Opfers eingenommen hat, dann höre zu und versuche, erst einmal keine Schuld zuzuweisen. Auch wenn es schwer ist, oftmals kann man eine Trennung verstehen, wenn sie sinnvoll argumentiert wird. Gefühle gehören zu einer Trennung, doch mal sollte als erwachsener Mensch diese beherrschen können.

Die neue Freiheit: Was das Single-Dasein bringen kann

Hast du eine Trennung durchlebt, dann beginnt nun der neue Anfang eines Lebensabschnittes. Und selbst wenn du gerade keine Trennung hinter dir hast, solltest du wissen, dass hier und jetzt dein neues Leben beginnen wird.

Single zu sein hat Vorteile und natürlich auch Nachteile. Leider sehen die meisten Menschen nur die Nachteile. Dabei kann man mit vielen Vorzügen sein Leben gestalten. Ich möchte dir in diesem Buch beibringen, wie du das Flirten beginnen kannst. Allerdings will ich dir das Singleleben nicht madig machen. Denn es hat deutliche Vorteile. Flirten bedeutet nicht, dass man sich danach in eine feste Beziehung stürzen muss. Der Flirt mit einer fremden Frau kann auch einfach aus Spaß erfolgen.

Du musst dich also nicht in einen Flirt begeben, mit dem Hintergedanken danach mit ihr fest zusammen sein zu müssen. Willst du lieber deinen Spaß haben, dann hält sich davon nichts ab.

Bevor du nun aber dein Singleleben verfluchen willst, möchte ich dir ein paar Informationen vermitteln, was es heißt, ein Single zu sein und welche Vorteile du dabei haben kannst.

Hinweis: Als Single gilt man, sobald keine feste Beziehung vorhanden ist. Das heißt, du bist auch dann Single, wenn du beispielsweise eine offene Beziehung führen solltest.

Tipps für den Single-Mann: Was bringt dir das Singleleben

Single zu sein, ist für viele ein Problem. Plötzlich ist man alleine. Oder vielleicht ist man als Mann auch schon zu lange alleine. Der Wunsch nach einer Partnerschaft wird immer intensiver. Doch woher soll man die Frauen nehmen, wenn die nicht auf den Bäumen wachsen. Bevor wir zu dem Thema Flirt kommen, will ich dir aufzeigen, welche Vorteile dein Singleleben haben kann. Dazu ein paar hilfreiche Tipps, wie auch dieses sensationell wird.

1. Du musst dich nicht richten: Das ist wohl der beste Vorteil, denn man direkt als erstes benennen muss. Wer Single ist, der muss sich nach keiner anderen Person richten. Du musst also nicht zu einer gesonderten Zeit am Frühstückstisch sitzen oder eine

Fernsehsendung schauen, die dich nicht interessiert. Als Single kannst du also genau das machen, worauf du Lust hast.

2. Keine Schwiegereltern: Schwiegereltern sind immer wieder ein Problem. Gerade Männer kommen mit dem Schwiegervater nicht zurecht. Du musst dich also nicht an die Eltern der Frau oder der Freundin gewöhnen, musst keine Sonderaufgaben übernehmen und keine langweiligen Essen über dich ergehen lassen.
3. Sexueller Spaß: Auch das ist ein Aspekt. Um diesem Spaß nachzugehen, musst du nicht unbedingt eine Partnerschaft mit allen Verantwortungen und Verpflichtungen durchlaufen.
4. Keine neuen Freunde: Deine Freunde sind natürlich immer ein wichtiger Anhaltspunkt, wenn es um die Partnerschaft geht. Oftmals verbringt man weniger Zeit mit den Freunden, wenn die Partnerin in das Leben tritt. Bist du Single, musst du keine Teilung mehr durchführen.
5. Kein Streit, keine Erklärungen: Auch das ist ein weiterer Vorteil, denn du bedenken musst. In einer Partnerschaft kommt es immer zu Erklärungen und Einschränkungen. Es treffen zwei Perspektiven aufeinander, die in Einklang

kommen sollen. Das geht nicht ohne Auseinandersetzungen. Als Single musst nur du es dir recht machen.

Das sind natürlich alles nur Beispiele. Der Grund, sein Singleleben beenden zu wollen, sind fehlende Zärtlichkeiten, Gemeinsamkeiten und Geborgenheit, welche den meisten Menschen sehr wichtig sind. Aus diesem Grund entscheiden sich sehr viele gegen das Singleleben.

Lass dich gehen - gehe aber nicht zu weit

Frischer Single, dann lass dich gehen. Aber geh nicht zu weit. Diesen Ratschlag kann man dir nur an die Hand eben. Wer frisch aus einer Beziehung kommt, sollte sich nun über seine Freiheit freuen. Welche Empfehlung gebe ich dir damit an die Hand. In einer Beziehung verhalten sich viele Menschen anders, als wenn sie als Single durchs Leben laufen würden. Man passt sich an, versucht es, dem Partner recht zu machen, und verzichtet auf verschiedene Dinge.

Eine Einschränkung, die man im Normalfall sehr gerne vornimmt, denn man bekommt dafür eine stabile und liebevolle Beziehung. So denkt man, zumindest, bis die Beziehung in die Brüche geht. Das ist der perfekte

Augenblick, um sich selber neu kennenlernen zu können. Triff dich mit Freunden, gehe alleine ins Kino oder mach einen Singleurlaub. Das Sortiment an Unternehmungen für Singles ist enorm gewachsen.

Als Single hast du alle Möglichkeiten dieser Welt, um dich und auch deine Interessen neu zu ordnen. Und genau das solltest du tun. Lerne dich und deine Belange neu kennen und du gehst gestärkt in eine neue Beziehung und in das Leben.

Wichtig ist jedoch, es nicht zu übertreiben, denn ansonsten wird nicht nur deine Gesundheit einen Schaden nehmen, sondern auch dein Ruf. Vor allem dann, wenn du es mit den Frauen leicht übertreibst.

Nachfolgend möchte ich dich nun bitten, den Weg mit mir gemeinsam zu gehen und zu erlernen, wie das Flirten wirklich funktionieren kann. Ich will dir aufzeigen, was deine Körpersprache mit dir macht und was man alles bedenken muss, wenn man den ersten Schritt macht.

Warum bleiben viele Männer Singles: Das Geheimnis

Der Erfolg beim Flirten wird durch unterschiedliche Parameter definiert. Natürlich kann jeder Mann sich eine Frau angeln, wenn er versteht, was das Geheimnis ist. Doch bevor es so weit ist, will ich dir verraten, warum viele Männer Singles bleiben. Als Single zu leben, hat nicht immer Nachteile, wie du sicherlich auf den Seiten zuvor erfahren konntest. Doch warum bleiben manche Männer einfach Singles, obwohl sie sich doch nach einer Partnerin sehnen. Dafür lassen sich folgende Gründe finden:

- Es fehlen männliche Vorbilder
- Zu strenges Beuteschema
- Zu wenig Frauenkontakt

Diese drei Hauptgründe sind es, die einen Mann davon abhalten können, eine Frau kennenzulernen. Was meine ich nun mit den männlichen Vorbildern? Männer, die bis heute nur Frauen als Schlüsselperson oder als Respektsperson wahrgenommen haben, werden sich bedürftig oder unterwürfig fühlen. Das ist meist dann der Fall, wenn die Mutter die Erzieherrolle im Haus übernommen hat oder man unter einer Frau in einem Unternehmen tätig ist. Dieses Verhalten, welches einer unterwürfigen Person gleicht, ist für Frauen sehr unangenehm und sie suchen sich einen anderen Partner. Das zu strenge Beuteschema ist ebenfalls ein wichtiger Aspekt. Fixiert man sich zu sehr auf eine Frau, dann kann der Blick für eventuelle Flirts nicht mehr erhalten werden.

Als Mann hältst du zu sehr an eine Person fest und bemerkst vielleicht nicht, dass die beste Freundin oder die Frau auf der anderen Tischseite dich anlächelt und einen Flirt wünscht.

Auch zu wenig Frauenkontakt kann dazu führen, dass du ein Single bleibst. Das muss ich sicherlich nicht mehr definieren. Denn nur wenn der Frauenkontakt auch da ist, kannst du Frauen kennenlernen.

Wie attraktiv ein Mann auf eine Frau wirkt, das hängt immer von der Bedürftigkeit ab, die der Mann ausstrahlt. Je unterwürfiger er sich bei einer Frau zeigt, desto weniger Interesse hat die Frau für den Mann.

Hinweis: Was heißt denn Bedürftigkeit?

Bedürftigkeit hat keinen materiellen Bezug auf etwas, sondern es definiert das Fehlen von etwas. Also im Bereich der Partnersuche hat der Mann das Gefühl, ihm fehlt etwas, in dem Falle die Frau an seiner Seite. Diese Unzufriedenheit nennt man Bedürftigkeit. Ein Mann, der als bedürftig gilt, ist immer darauf bedacht sich bei allen gut zu stellen und niemals irgendwo anzuecken. Er möchte gemocht werden und will keine Ablehnung oder Zurückweisung erfahren. Sein

Selbstwertgefühl wird daran festgemacht, wie sehr er von jemandem gemocht wird oder wie stark die Bindung zu anderen Menschen ist. Wie zeigt sich aber die Bedürftigkeit, wenn du jemanden ansprechen willst. Mit folgenden Reaktionen und Gedankenmustern kannst du erkennen, ob du bedürftig bist:

- Wenn dir wichtig ist, was die Frau über dich denken mag.
- Wenn du Angst hast, dass dich jemand verurteilen könnte.
- Wenn du dich nicht traust, jemandem dein Interesse zu zeigen.
- Wenn du dich verstellst, um anderen zu gefallen.
- Wenn du deine eigene Meinung nach hinten schiebst, um anderen zu gefallen.
- Wenn du versuchst, Frauen oder auch andere Menschen mit deinem Job oder deinem Geld zu beeindrucken.

Frauen kennenlernen: One-Night-Stand und ernste Beziehung

Frauen kennenzulernen, ist eine Hürde, die sich sehr viele Männer annehmen und leider scheitern. Aber auch nur, weil sie das 1 x 1 der Flirts noch nicht kennen. Das will ich dir nun vermitteln, damit auch du den Weg in eine glückliche Beziehung oder einen heißen Flirt finden kannst. Bevor wir jedoch so weit sind, ein paar grundlegende Fakten.

- Was ist der Flirt: Der Flirt wird als eine erotische und zwischenmenschliche Annäherung oder Kontaktaufnahme definiert. Das klingt erst einmal staubtrocken. Dabei wird von beiden Parteien eine unverbindliche Kontaktaufnahme gewünscht. Dieser Kontakt kann zu mehr Abenteuer oder Abweisung führen. Der Flirt kann zwischen Frauen und Männern stattfinden oder zwischen gleichgeschlechtlichen Parteien.
- Kann man mit dem Flirten Frauen kennenlernen: Das ist durchaus möglich, denn niemand weiß, was aus einem Flirt entstehen kann.

- Der Flirt kann mittels Körperkontakts oder Mimik und Gestik entstehen.
- Wir alle flirten automatisch und ohne darüber nachzudenken.
- Es gibt allerdings Männer sowie Frauen, die beim Flirten eine gewisse Anspannung und Blockade erleben.

Um Frauen ansprechen zu können oder sogar einen Flirt zu erfahren, musst du wissen, dass dieser auf unterschiedliche Weise begonnen werden kann. Der erste Augenkontakt reicht manchmal schon aus, aber auch ein Lächeln kann das Eis brechen.

Wo lernt man Frauen kennen: Das sind die besten Orte zum Flirten

Ich will dich auch gar nicht mehr lange auf die Folter spannen, sondern jetzt direkt mit den Orten beginnen, die man besuchen kann, wenn es um den Flirt mit der Traumfrau gehen soll. Die Klassiker wirst du sicherlich kennen. In dem Falle geht es vor allem um die Bar, die Kneipe, die Disco oder auch das Speeddating.

An allen diesen Orten kannst du Frauen treffen. Ob die Partnerin fürs Leben dabei ist, das musst du alleine herausfinden. Ich möchte dir allerdings einen Hinweis mit auf den Weg geben. Die Bar, die Kneipe und auch die Disco sind keine besonders einfallsreichen Orte, wenn es um die Suche nach dem Flirt geht. Oftmals ist so ein Ambiente zu laut und Alkohol spielt in vielen Fällen eine Rolle. Der Alkohol kann außerdem die Wahrnehmung beeinträchtigen, sodass aus einem angedachten Flirt eine Enttäuschung wird.

Deswegen möchte ich dir ein paar Alternativen anbieten, die du als Flirtobjekt nutzen kannst. Das Einkaufszentrum oder auch das Café können hervorragende Orte sein, wenn man Frauen kennenlernen will. Sie bieten Ruhe und eine angenehme Atmosphäre. Das Museum ist ebenfalls eine sehr interessante Adresse, wenn es darum gehen soll, Frauen kennenzulernen. In vielen Städten finden aber auch Singleveranstaltungen statt, die du jederzeit für dich nutzen kannst. Nicht zu guter Letzt lassen sich Urlaube nach diesem Schema buchen oder auch der einfache Weg ins Internet kann dir die Chance auf den Flirt bieten. Letzteres ist vor allem dann sinnvoll, wenn du schüchtern bist und lieber erst einmal schriftlich kommunizieren willst.

Hinweis: Es ist möglich, auch schriftlich einen Flirt auszutauschen. In dem Falle muss die Wortwahl gut getroffen sein und auch das Arbeiten mit Smileys ist sinnvoll.

Wie kann man Frauen ansprechen

Hast du einen Ort gefunden, an dem du die Kommunikation mit der Frau gerne wagen würdest, dann ist es nun an der Zeit, sich mit dem Thema Kommunikation zu befassen. Du musst lernen, Frauen anzusprechen. Das erfolgt nicht mit dem ersten Hallo oder dem ersten Händeschütteln, sondern es beginnt bereits viel früher. Um die Kommunikation mit einer Frau zu beginnen, musst du nicht unbedingt Worte nutzen, sondern du kannst Gesten und auch die Körpersprache einsetzen. Ein Lächeln sagt manchmal viel mehr aus als ein Hallo. Lächle die Frau an, die dich mit dir unterhalten soll. Beginne, den direkten Augenkontakt zu suchen.

Mit dem intensiven Augenkontakt und dem Lächeln signalisierst du der Frau, „Hallo hier bin ich, ich habe Interesse.“, also genau das, was du willst. Deswegen solltest du nun dein Lächeln üben. Mit diesen Gesten kannst du das Eis brechen. Du wirst merken, ob die Frau etwas von dir möchte oder nicht. Möchte sie keinen Kontakt, dann ist der Blickkontakt nicht erwidert worden. Auch das Lächeln ist dann nur kurz und kaum von Bedeutung, denn die Frau lächelt aus Höflichkeit.

Ist das Interesse jedoch deutlich zu sehen, dann geht es nun in die nächste Runde. Nun musst du Vertrauen in dich setzen. Es wird deine Aufgabe sein, an die Frau heranzutreten. Dabei solltest du nicht zu aufdringlich wirken. Gehe also zu dem Tisch oder dem Platz der Frau herüber. Es beginnt nun der Tanz mit dem Feuer. Small Talk ist angesagt und sollte von dir beherrscht werden. Mach der Frau ein Kompliment, sage ihr, dass sie dir aufgefallen ist, oder frage, ob du ihr einen Drink spendieren kannst.

Diese Andeutungen haben jedoch keine verbindliche Zusage. Das muss dir klar sein, denn es kann auch nach dem Getränk oder dem Kompliment noch dazu kommen, dass die Dame dich nicht mag. Stelle oder setze dich niemals neben die Frau, sondern immer gegenüber. Das hat den Vorteil, dass du direkt mit dem Blickkontakt weitermachen kannst und somit mehr Interesse erzeugst.

Doch das Wichtigste habe ich dir noch nicht verraten. Du musst 100 % authentisch sein. Das heißt, du musst der Frau den Mann präsentieren, der du wirklich bist. Außerdem solltest du durchatmen, denn die

Aufregung kann das Sprechen erschweren. Du könntest dich verhaspeln oder stottern. Deswegen musst du dich und deinen Geist beruhigen. Das geht am besten mit ein paar tiefen Luftzügen. Du kannst der ausgewählten Dame natürlich sagen, dass du aufgeregt bist. Diese Aussage ist allerdings gut zu wählen, denn es kann wiederum zu einer Bedürftigkeit kommen, die Frauen weniger interessant finden.

Körpersprache sagt mehr als 1000 Worte

Die Körpersprache ist ein faszinierendes Mittel, um sich mit einem anderen Menschen zu unterhalten. Der Körper unterhält sich, ohne dass wir wissen, was er da tut. Denn die Körpersprache erfolgt unbewusst. Jeder Mensch strahlt sie aus und jeder kann sie erkennen und wahrnehmen. Die geheimen Signale sind also oftmals auch der Schlüssel zu einem perfekten Flirt oder zu dem ersten Kontakt. Deswegen will ich dir ein paar der geheimen Signale verraten.

Körpersignal	**Bedeutung**
Blickkontakt	Definiert eindeutiges Interesse.
Synchrone Bewegung	Ist man auf einer Wellenlänge synchronisiert man die Bewegungen des anderen.
Verschränkte Arme	Unsicherheit, Desinteresse, Schüchternheit
Leichte Berührungen	Zeigt deutliches Interesse.
Heben der Augenbrauen	Ich bin interessiert.
Spiel mit den Fingern	Zeigt ebenfalls Interesse.
Oberkörper wird weggedreht	Zeigt Desinteresse.
Das Spielen mit den Haaren.	Ich will mehr von dir.
Vorbeugen	Ich will den intensiven Kontakt.

Das sind die bekanntesten Merkmale, die du kennen musst, wenn es um den Kontakt mit einer Frau gehen soll.

Frau macht den ersten Schritt

Frauen werden in der Gesellschaft immer selbstständiger und haben auch beim Thema Flirt keine Hemmungen mehr. Selbstbewusst suchen sich die Frauen heute die Männer aus, machen Heiratsanträge oder führen Unternehmen. Sie sind also mittlerweile zu 100 Prozent gleichberechtigt.

Da kann es durchaus dazu kommen, dass du von einer Frau angesprochen wirst. Was ist aber dann? In dem Falle bist du also die Person, die das Interesse entweder erwidert oder ablehnt. Frauen haben weniger Hemmungen einen Mann anzusprechen, als man es sich denken mag. Aber auch bei den Frauen merkst du schnell, ob sie Interesse an dir zeigen. Bei den Damen ist es vor allem der Augenkontakt, das Spielen an den Haaren oder das Belecken der Lippen, die auf einen intensiven Kontakt hinweisen.

Dass die Frau den ersten Schritt macht, sollte dich aber nicht abhalten, auch deine Wünsche und Wege zu gehen. Lerne die Frau einfach kennen und genieße den Weg, den ihr gemeinsam gehen könnt.

Was passiert nach dem ersten Flirt - Wie kann es weitergehen

Hast du den Flirt nun überstanden und dich gut geschlagen, dann kommt nun der Punkt des Abschieds. In dem Falle muss man natürlich sagen, dass es beiden Geschlechtern nicht leichtfallen wird, sich diesem Aspekt anzunehmen. Was kann man nun machen und wie geht es weiter?

Der erste Kontakt ist hergestellt und nun heißt es die Nummern zu tauschen. In dem Fall sollte dir ein lockerer Spruch nicht über die Lippen kommen. Sogenannte Anmachsprüche sind wenig wirksam und schrecken maximal ab. Wie kannst du nun an die Nummer der Frau gelangen.

1. Frage sie einfach nach der Nummer und sage ihr offen, dass dir der Abend gefallen hat und du gerne in Kontakt bleiben willst.
2. Dränge nicht auf die Nummer.
3. Ihr könnt vor Ort aber auch Facebook-Kontakte austauschen oder andere soziale Netzwerke nutzen.
4. Gib ihr deine Nummer und sag ihr, du würdest dich freuen, wenn sie sich meldet.

Wie kann es nun direkt weitergehen? Wenn du wirklich einen Kontakt bekommen hast, dann achte darauf, nicht sofort eine Nachricht zu übermitteln. Lass der Frau Zeit, auch sie muss sich erst nach Hause begeben oder über die Situation nachdenken. Eine Nachricht sofort zu verfassen, kann wieder bedürftig klingen und macht den Spaß kaputt. Achte darauf, nur nette Nachrichten zu verfassen.

„Hallo, der Abend hat mir sehr gefallen." oder „Danke für das schöne Gespräch."

Erwarte bitte auch nicht sofort eine Antwort oder einen Kontakt. Du solltest dein Leben weiterleben und nicht zitternd vor dem Telefon sitzen. Danach kann es zum ersten Date kommen, dass jedoch gut geplant sein sollte. Schaue dir dafür meine Checkliste an, was man beim Flirten alles beachten muss. Überlege dir genau, wo du eine Frau ausführen willst. Oper, Kino oder Restaurant, das alles sollte entsprechend mit Ambiente unterlegt sein, damit auch wirklich „mehr" passieren kann.

Worauf stehen Frauen wirklich: Macho oder Schmusetiger

Worauf stehen die Frauen denn nun wirklich? Ist es der Muskelmann, der als Macho sich alles hinterhertragen lässt oder ist es der verschmuste Mann, den man gerne als Waschlappen beschreibt. Eine Frage, die unsere Generationen spalten. Ich habe nun das Geheimnis gelüftet.

Ich habe mir den Typen Macho genauer angesehen und natürlich auch den Schmusetiger näher durchleuchtet. Was will die moderne Frau?

Was macht den Macho aus?

Der Begriff Macho ist dir sicherlich geläufig. Woran denkst du gerade, wenn du diesen Begriff hörst? Sicherlich an diese Attribute:

- Muskeln
- Dominant
- Faul
- Gewalttätig

Teilweise stimmt das sogar, wenn man sich die klassische Definition eines solchen Mannes anschaut. Der Macho ist eine Person, die stetig die eigene Männlichkeit unter Beweis stellen muss. Ein Mann der sich als Macho gibt, will die traditionelle Geschlechterrolle nicht verlassen. Das heißt, er besteht darauf, bedient zu werden, und will weder Arbeiten im Haushalt noch in der Erziehung übernehmen.

Der Macho ist also ein Mann, der nicht unbedingt Muskeln haben muss, aber der das Geschlechterbild definiert und sich dran orientiert. Der Macho ist also keine Erfindung, sondern er wird wirklich in der Welt der Medien und der Realität geführt. Doch woher kommen diese Züge? In den meisten Fällen sind es erzieherische Maßnahmen, die schon in Kindesalter beigebracht werden. Aber auch die Medien und die Unterhaltung zeigen immer wieder Männer, die genau diesem Bild entsprechen. Somit wird der Macho auch nicht aussterben. Man bedenke nur verschiedenen Frauenromane, die diesen Typ von Mann definieren.

Bist du ein Macho? Diese Frage hast du sicherlich gerade jetzt im Kopf. Ich kann dir die Frage schnell beantworten. Anhand dieser kannst du erkennen, ob du ein Macho bist.

Macho-Quiz: Bin ich der Macho?

1. Willst du immer deine Männlichkeit beweisen?
2. Musst du immer den Starken markieren?
3. Willst du nicht kochen oder putzen?
4. Bist du der Meinung, Frauen gehören in den Haushalt?
5. Bist du dominant?
6. Willst du, dass alle das machen, was du sagst?

Wenn du die meisten Fragen mit einem „Ja" beantwortet hast, dann kannst du durchaus zu den Machos gehören.

Sanft und doch stark: Stehen Frauen auf die Mischung?

Das Gegenstück zu einem echten Macho ist der bekannte Softi. Er definiert sich durch seine sanfte und meist auch schüchterne Art. Ist er bei den Frauen beliebt? Eines muss man sagen, der Macho definiert sich durch Stärke und durch eine gefühllose Art. Der Softi hingegen ist der Gefühlvolle unter den Männern.

Es gibt sicherlich Frauen, die sowohl auf den Macho, als auch auf den Softi stehen. Doch ein Großteil der

Frauen wollen eine Mischung. Auch als „echter Mann“ definiert. Ein echter Mann hat Gefühle, zeigt diese auch und hat eine gewisse Stärke zu präsentieren. Also eine gute Mischung aus dem Softi und dem Macho.

Was versteht man aber unter dieser Mischung Mann. In erster Linie wollen Frauen einen Mann, der den Beschützer spielt, der Frau aber auch die Möglichkeit gibt, Karriere zu machen oder eben eigene Entscheidungen zu treffen. Sie wollen also einen Mann, der gewisse männliche Rollen übernimmt, aber auch die Möglichkeit hat in die weibliche Rolle zu schlüpfen, wenn es beispielsweise um den Haushalt geht.

Der Mann von heute, den Frauen nach Umfragen sehr attraktiv finden, kann Gefühle zeigen und Dominanz, wenn es gewünscht wird. Er ist der Beschützer der Familie oder der Beziehung, sorgt aber mit Schmuseeinheiten und für die Romantik.

Was finden Frauen weniger attraktiv

Die gute Mischung macht den Mann also aus, denn die Frauen wollen. Doch was finden Frauen weniger attraktiv, wenn es um den Mann geht. Da gibt es immer Unterschiede, denn viele Frauen haben verschiedene Geschmäcker, was das anbetrifft. Frauen wünschen sich jedoch Männer, die gut gepflegt sind. Also Herren, die Parfüm nutzen und auch zum Friseur gehen. Außerdem ist eine Dusche am Tag ein guter Tipp.

Eine gute Kleidungswahl ist bei Männern immer gern gesehen. Frauen finden es wenig attraktiv, wenn der Mann sich nicht gut kleiden kann. Deswegen ist es wichtig, sich genau nach seinem Typ und den passenden Kleidungsstücken zu informieren. Ein Mann, der mehr über sich spricht, als reden lässt, macht auch keinen guten Eindruck. Willst du wirklich punkten, dann hole die Manieren raus. Unattraktiv ist bei den meisten Frauen allerdings auch der Macho oder der strenge Vater-Typ. Frauen wissen, was sie wollen und brauchen keine Bevormundung, es sei denn, sie wünschen es sich. Wenig attraktiv finden Frauen auch Männer, die deutlich zu den Mamasöhnchen gehören. „Meine Mutter hat gesagt.“, ein Satz, der dich in das Aus katapultiert. Gleiches gilt auch, wenn du permanent am Handy hängst. Beachtest du diese Tipps, dann kann das Date zu einem Erfolg werden.

Bonus: Tipps beim Flirten - Die ultimative Checkliste

Bist du nun bereit, einen Flirt anzufangen oder ihn sogar in Aktion zu testen? Dann ist es an der Zeit, dir meine persönliche Checkliste mit auf den Weg zu geben. Wo fängt man an und wo kann man aufhören. Fragen, die dir sicherlich im Kopf herumschwirren. Ich möchte nun, Schritt für Schritt, dir die besten Tipps mit auf den Weg geben.

Kleidung

Kommen wir zu dem Thema Kleidung. Hast du dir darüber schon einmal Gedanken gemacht? Es ist bewiesen, dass Männer mehr Erfolg beim Flirten haben, sobald die passende Kleidung ausgesucht wurde. Nun wird die große Frage aufkommen, welche Kleider denn die richtigen sind. Das ist nicht immer leicht zu beantworten. Wichtig ist es, dass du dich in deiner Kleiderwahl wohlfühlst. Jedoch sollte das Outfit zum Ambiente, der Jahreszeit und auch zu dir als Person passen. Bist du beispielsweise kein sportlicher Typ, dann sind Sportbekleidungen wenig sinnvoll. Bist du kein Geschäftsmann, dann lass den Anzug zum Flirten weg.

Jeans, ein Hemd oder auch ein T-Shirt sind immer passende Bekleidungen. Achte bitte darauf, dass die Kleiderwahl zu deinem Alter passt. Es sieht wenig anregend aus, wenn der Mann im Restaurant ein T-Shirt mit Superhelden darauf trägt.

- Kleider auswählen, die zu dir passen.
- Keine kindlichen Kleidungsstücke nutzen.
- Jeans und Hemd oder T-Shirt passen oftmals.
- Denke an deinen Typ (Sportbekleidungen passen nur, wenn du sportlich bist).

Der erste Eindruck zählt, das solltest du dir immer vor Augen führen. Deswegen spielt auch das Thema Körperhygiene eine wichtige Rolle. Parfüm, ein ordentliches Duschbad oder einfach die typischen Hygienemaßnahmen sollten Standard sein. Sobald du ein ordentliches Erscheinungsbild hast, kannst du mit Sicherheit bereits Interesse bei den Frauen wecken. Auch wenn man immer wieder liest, dass die inneren Werte zählen, so ist es das Äußere eines Menschen, was ansprechend ist.

Denke an das Sprichwort „Kleider machen Leute“. Man kann es perfekt als Grundlage seiner Überlegungen nutzen. Du strahlst das aus, was du trägst. Auch wenn es eigenartig klingen mag, der Mensch assoziiert immer das, was er sieht. Trägst du beispielsweise Sportbekleidung, geht man immer von einem sportlichen Menschen aus. Hast du beispielsweise einen Anzug an, geht der Betrachter oder die Betrachterin immer von einem Geschäftsmann, einem Bankangestellten oder einen Geschäftsführer aus.

Körpersprache

Ein weiterer Punkt auf der Checkliste ist die Körpersprache. Sie zeigt dem Gegenüber, wie man ist und welche Eigenschaften die Person hat. Damit du bei den Frauen den richtigen Eindruck hinterlässt, musst du mit der Körpersprache umgehen können. Dazu möchte ich dir ein kleines Experiment vorschlagen. Suche dir einen großen Spiegel, stelle dich davor und betrachte deine Körperhaltung. Wie siehst du aus? Welchen Eindruck vermittelst du? Sind deine Schultern nach vorne gebeugt und schaust am liebsten nach unten, dann vermittelt das einen schüchternen Eindruck. Die Menschen werden denken, du hast kein Selbstbewusstsein oder Selbstvertrauen. Beide Aspekte sind aber sehr wichtig, sobald man mit anderen Menschen in Kontakt treten will. Streckst du jedoch die Schultern nach hinten und nimmst eine gerade Körperhaltung an, wirst du nicht nur größer, sondern auch um einiges selbstbewusster.

Hinweis: Was ist Selbstbewusstsein? Das Selbstbewusstsein definiert sich durch dein Bewusstsein über dich und deine Person. Du kennst deinen Wert in der Gesellschaft und weißt, welche Fähigkeiten du hast. Selbstvertrauen hingegen ist das Vertrauen in dich und deine Person. Du vertraust darauf, bei Frauen einen ordentlichen Eindruck zu hinterlassen oder den neuen Job vollkommen zufriedenstellend durchführen zu können.

Die Körpersprache ist also wichtig, wenn es um den Flirt und den ersten Eindruck geht. Wie sieht nun aber die perfekte Körperhaltung aus. Eine beeindruckende Körperhaltung sollte folgende Aspekte aufweisen:

- Schultern nach hinten gedrückt
- Kopf gerade
- gerade Körperhaltung
- breiter Stand

Der breite Stand bietet dir Sicherheit, denn dadurch nimmst du direkt eine gerade Körperhaltung ein. Was strahlt diese Körperposition nun aus? Selbstsicherheit, Stärke und Verantwortung sind die Schlüsseleigenschaften, die du damit vermitteln kannst. Das ist aber noch lange nicht alles, was man bedenken muss. Denn du solltest natürlich auch darauf achten, was du mit den Händen machst. Fühlt man sich in seiner Situation nicht wohl, hat man den Wunsch, die Hände in die Hosentasche zu stecken. Diese Geste vermittelt jedoch wenig Interesse und vor allem Unsicherheit. Deswegen mein

Tipp: Lass deine Arme einfach zur Seite hängen. Auch das Verschränken vor der Brust kann bei einer Frau auf Abneigung stoßen, denn es demonstriert Überlegenheit und Distanz, also genau das, was du nicht möchtest.

Übe deine Körperhaltung, indem du jeden Tag vor dem Spiegel eine gerade und ordentliche Haltung einnimmst.

Einstellung

Was meine ich nun mit der Einstellung? Die Einstellung zu einem Flirt kann sehr viel über dessen Erfolg aussagen. Gehst du mit einem negativen Gedanken an den Flirt heran, wird er mit Sicherheit scheitern. Der Grund dafür liegt in der menschlichen Betrachtungsweise. Das, was ein Mensch denkt, fühlt er. Gedanken haben eine unglaublich große Auswirkung auf den Menschen und seine Gefühle und Handlungen. Dazu hat es in der Vergangenheit mehrere wissenschaftliche Untersuchungen gegeben. Gedanken können nicht nur die Emotionen der

Menschen beeinflussen, sondern auch deren Taten sowie deren Gesundheit. Was passiert aber, wenn du negative Gedanken zulässt. Durch die negativen Gedanken kommt es dazu, dass sich der innere Kritiker meldet. Er wird deine Gedanken anheizen und ihnen den Nährboden geben.

Denkst du schlecht über dich oder über deine Person, dann wird sich deine Emotion danach richten. Ich möchte dir ein Beispiel anführen. Denkst du an Trauer, dann wird sich deine Emotion danach richten. Du wirst also an Schmerz denken und diese emotionale bedrückte Stimmung erleben. Ähnlich gestaltet sich die Situation, wenn du beginnst negativ über dich zu denken. Gedankenmuster, die dich und deine Fähigkeiten unterdrücken, führen dazu, dass du das Gefühl bekommst schlecht zu sein und nicht gut genug zu sein.

Deine Einstellung muss sich also verändern, wenn du mehr Erfolg bei den Frauen haben willst. Versuche mit positiven Gedankenmustern den Weg in einen Flirt zu starten. Nun geht das nicht von jetzt auf gleich. Um positiv zu denken, musst du beginnen jeden Tag an dir und deinen Gedanken zu arbeiten. Deswegen möchte ich dir nun ein paar Übungen erklären, die dich ermutigen sollen, positive Gedanken zu verinnerlichen.

1. Entziehe den negativen Gedanken deine Aufmerksamkeit: Menschen haben das Talent, negativen Gedanken immer mehr „Futter" zu geben. Hat man einen negativen Gedanken im Kopf, dann kommt es dazu, dass wir uns immer wieder mit dem Thema, dem Warum und dem Wieso befassen. Dabei fällt den meisten nicht auf, dass sogenannte Warum-Fragen, das Gehirn überfordern. Auf so eine Frage kann das Gehirn und das Unterbewusstsein keine Antwort finden. Das heißt, du beginnst dich im Kreis zu drehen. Zeigt sich ein negativer Gedanke, dann versuche ihm die Aufmerksamkeit zu entziehen. Das ist im Grunde nicht schwer. Du musst den negativen Gedanken mit einem positiven Leitbild kombinieren.
2. Suche das Gute: Damit meine ich nicht das Gute in der Menschheit, sondern immer das Positive in einer Situation. Regnet es beispielsweise, dann bekommen viele Menschen schlechte Laune, anstatt das Positive zu sehen. Weil es regnet, kann ich heute mein Buch beenden. Oder, weil es regnet, kann ich einen gemütlichen Tag verbringen.

3. Lächle: Beginne jeden Tag mit einem Lächeln. Das kann ganz bewusst geschehen oder unbewusst. Was passiert beim Lächeln? Du benötigst besondere Muskelbereiche im Gesicht, die deinem Gehirn das Lächeln vermitteln. Daraufhin wird das Glückshormon ausgeschüttet und du bekommst automatisch bessere Laune. Aber das Lächeln hat noch einen anderen Aspekt. Gehst du mit einem Lächeln auf eine Frau zu, dann bemerkt diese das positive Gemüt in dir und die erste Kontaktaufnahme erfolgt bereits vollkommen unbewusst.
4. Vergleiche dich nicht: Das ist immer leichter gesagt als getan, doch Vergleiche mit anderen lassen uns immer schlechter abschneiden. Selbstverständlich wird man sich nicht mit einer Person vergleichen, bei der man positiv abschneidet. Der Vergleich wird dich nicht bevorzugen, sondern das Negative anheizen.

Körperkontakt

Der Körperkontakt ist bei einem Flirt immer zu beachten. Verschiedene Berührungen sind mit unterschiedlichen Bedeutungen verbunden. Diese solltest du kennen. Der Grat zwischen aufdringlich und unbedeutend ist jedoch enorm gering. Deswegen habe ich auch dafür ein paar Tipps für dich.

- Der Körperkontakt sollte nicht gestellt sein. Versuche die Berührung ungezwungen wirken zu lassen.
- Keine Berührung an der Schulter. Diese Berührung kennzeichnet eine Freundschaft oder eine familiäre Berührung.
- Nutze Berührungen am Arm oder am Knie. Das zeugt von Interesse und hat eine sexuelle Komponente.

Achte bei jeder Berührung auf die Reaktion. Sie geben dir Aufschluss darüber, ob die Frau Interesse an dir hat oder ob sie abgeneigt scheint.

Small Talk: So bekommst du das erste Gespräch

Mit dem passenden Körperkontakt kannst du auch den Small Talk beginnen. Dabei kommt natürlich die Frage auf, was Small Talk ist. In dem Falle geht es um die belanglosen Themen, die ein Gespräch zwischen Fremden ermöglicht. Small Talk muss man allerdings beherrschen. Beim Flirt solltest du den passenden Gesprächspunkt treffen. Finde Themen, die das Gespräch aufrechthalten. Das heißt, am besten nicht über das Wetter sprechen. Denn das kann zu unterschiedlichen Meinungen führen. Das Gleiche gilt auch bei den Themen Religion und Politik. Beide Aspekte solltest du nicht ansprechen. Beim Small Talk geht es darum, Themen zu finden, die belanglos sind und keine Meinungsäußerung bedürfen.

Und beim Small Talk liegt das Hauptaugenmerk darin, ein Gespräch anzuführen und sich besser kennenzulernen. Zuhören ist das A und O. Komplimente sind immer wichtig und sorgen für die ersten Gedanken und Gesprächsmomente. Achte bitte darauf, dass du nicht zu viel über dich redest, denn das mögen Frauen nur wenig. Jedoch solltest du nicht zu stumm sein. Frauen mögen zu stille Männer nicht, sondern wollen vor allem einen würdigen Gesprächspartner.

Die Checkliste für deinen Flirt

Kleidung

- Denke an die passende Kleidung.
- Sie muss zum Anlass passen und dich präsentieren.
- Sauberkeit und Hygiene sind wichtig.

Körpersprache

- Denke an die Körpersprache (Brust raus, gerade stehen).
- Übe die Körpersprache vor dem Spiegel.

Gedanken und Einstellung

- Keine negativen Gedanken
- Keine Warum-Fragen
- Lächeln

Körperkontakt

- Beiläufiger Körperkontakt
- Keine erzwungenen Berührungen
- Berührungen am Arm oder am Knie

Small Talk

- Keine Themen die Diskussionen hervorrufen.
- Keine Besserwisser-Eigenschaften auflegen.
- Belanglose Infos und Gespräche nutzen.
- Immer freundlich sein.

Checkliste, um der Mann zu werden, den Frauen wollen

Werde zu dem Mann, denn Frauen wollen. Eine Herausforderung denkst du? Nicht mit mir, denn ich verrate dir, wie man der Mann sein kann, den sich Frauen immer wieder ansehen.

1. *Selbstliebe ist das A und O*: Ich habe dir bereits beschrieben, was Frauen an einem Mann nicht mögen. Es ist die Bedürftigkeit. Diese kannst du aber nur mit Selbstliebe ablegen. Willst du langfristig glücklich werden, dann lerne, dich so zu lieben, wie du bist. Erst wenn du dich selber liebst und respektierst, werden es auch andere tun. Das ist besonders wichtig, denn nur dann wird ausreichend Ausstrahlung vorhanden sein, damit du auch wirklich die Kraft hast, auf andere Menschen zu wirken. Um die Liebe zu einem selber zu erkunden, musst du lernen dich als Mensch mit allen Fehlern und Stärken wahrzunehmen. Das heißt also auch, dass du beginnen musst, dich mit dir zu befassen. Du bist ein wertvoller Mensch. Das ist die erste Aufgabe, die du verinnerlichen musst.

2. *Selbstvertrauen*: Das Selbstvertrauen kommt mir der Selbstliebe. Wenn du lernst, dich selber zu lieben und dich auch so zu akzeptieren, wie du bist, steigt dein Vertrauen in dich als Person. Führe dir vor Augen, dass niemand so ist, wie du und du alleine deswegen schon einzigartig bist. Mit diesem Gedanken im Kopf kannst du das Vertrauen in dich wecken. Das heißt allerdings auch, dass du sehr viel an dir und deiner Motivation arbeiten musst. Hast du aber erst das Vertrauen in dich gefunden, wirst du auch schwere Hürden überwinden können. Doch wie baut man das Selbstvertrauen auf? In dem du erkennst, was du im Leben willst und dich genau darauf fokussierst. Stelle dich deinen Ängsten und deinen Hürden im Leben und du wirst stärker sein. Entwickle ein Lebensmotto und definiere deine Grenzen. Erkenne, wann etwas deine Grenzen überschreitet, und lasse dir nicht alles gefallen. Männer, die mehr Selbstbewusstsein haben, werden bei den Frauen auch wirklich besser ankommen, denn sie strahlen Stärke aus. Und genau das ist es, was Frauen wollen.
3. *Deine Gedanken lenken dich*: Du bist der Herr über deine Gedanken. Das ist ganz besonders

wichtig. Deswegen solltest du lernen, immer zu kontrollieren, was du denkst. Jeder von uns hat einen negativen Part in seinem Kopf. Das heißt aber nicht, dass wir diesen Part auch zulassen müssen. Negative Gedanken darf jeder einmal haben, aber sie dürfen nicht dein Leben bestimmen. Deswegen solltest du nun den Weg raus aus diesen Gedanken finden und sofort loslegen, dich lieber mit den positiven Aspekten zu befassen.

4. *Gib mehr, als du nehmen willst*: Ebenfalls ein sehr wichtiger Aspekt, den man bedenken muss. Versuche, immer mehr zu geben, als du selber nehmen kannst. Das heißt, Aufmerksamkeit, Zeit oder Zuneigung musst du immer bereit sein, zu geben. Denn dann bist du für Frauen ein attraktiver und beeindruckender Mann.
5. *Ehrlichkeit*: Ehrlichkeit, gerade in Bezug auf deine Gefühle, ist ein weiterer Punkt, den Frauen unbedingt wollen. Du musst wissen, was du willst, aber in der Lage sein, auch auszudrücken, was in dir vorgeht. Frauen wollen keine Mauer vor sich haben, sondern viel mehr einen Mann der Gefühle zeigen kann. Ehrlichkeit und eine offene Kommunikation sind der Schlüssel zu einem

erfolgreichen Flirt. Zu diesem Punkt muss noch etwas gesagt werden. Du solltest es anderen leicht machen, sich mit dir zu unterhalten. Was meine ich damit? Versuche, mit Körpersprache Offenheit zu signalisieren, höre zu und falle nicht ins Wort. Zudem solltest du den Small Talk beherrschen. Versuche, so viel Kommunikation zu üben, wie es geht. Frage den Busfahrer, wie es ihm geht, sprich mit Freunden oder der Familie oder einfach mit Kollegen.

SOS: Ich habe Angst Frauen anzusprechen

Beschleicht auch dich immer wieder das Gefühl, mit Frauen einfach nicht reden zu können. Würdest du das sogar als Angst beschreiben. Dann bist du nun in diesem Kapitel richtig, denn ich werde dir mit Tipps und Tricks aus der Angst helfen.

Unsicherheit, Nervosität und Schüchternheit sind Aspekte, die man bei Männern beobachten kann, die es einfach nicht schaffen, mit einer Frau zu sprechen. Doch woher kommt die Angst, die dich plagt. Ich könnte dir nun irgendeine Theorie erklären, doch ich will lieber auf soziologische Aspekte eingehen. Das mag nun etwas komisch klingen, doch deine Eltern tragen die Schuld, in Teilen zumindest. Sie haben dir früher schon beigebracht, nicht mit Fremden zu reden. Außerdem kennst du sicherlich die Anweisung, sich ruhig und leise verhalten zu müssen. Das sind aber nur Theorien, die man auf die Erziehung bezieht. Es gibt noch andere Annahmen, warum dir das Ansprechen der Frauen so schwerfallen kann. Erfahrungen haben gezeigt, dass der Mann davon ausgeht, dass er bei der Frau etwas darstellen muss.

Wir alle haben verschieden Attribute im Kopf, wenn wir das Wort Mann hören. Versuche es einmal. Sage das Wort Mann in Gedanken und schreibe auf, was dir dazu einfällt.

Nun lass mich einmal raten, wie stellst du dir einen Mann vor, der bei Frauen ankommt. Cool, sexy, motiviert, muskulös und braun gebrannt. Trifft es das in etwa. Johnny Depp, James Bond oder Brad Pitt sind doch die perfekten Vorbilder. Nun gibt es bei dem Ganzen ein Problem. Das alles entspricht nicht dem Selbstbild. Das, was du dir vorstellst, bist nicht du. Willst du nun fremde Frauen ansprechen, läuft in deinem Kopf das Bild eines Mannes durch, der du nicht bist und schon verpufft die Neugier und das Interesse, den Kontakt zu suchen.

Mein Tipp: Versuche, dich zu lieben, und probiere es aus, dich von dem Gedanken zu lösen, Frauen etwas darbieten zu müssen.

Versuche, an deiner Körpersprache zu arbeiten und die vielen Vorteile dieser Veränderung wahrzunehmen. Auch eine Typveränderung kann dir helfen. Das ist aber nicht alles, was dich daran hindert, Frauen ansprechen zu können. Auch Angst spielt eine Rolle, die sogar recht mächtig zu sein scheint. Die Angst vor Zurückweisung, vor einem

Problem oder sogar die Angst sich in ein Risiko zu begeben, kann dich daran hindern, mit einer Frau in Kontakt zu treten. Die meisten Männer können es nicht ganz so einfach in Worte fassen, warum sie Angst haben. Wichtig ist es, diese Angst zu besiegen. Das heißt also, man sollte einfach versuchen, die Komfortzone zu verlassen. Das muss nicht direkt in einem Flirt enden, sondern du kannst kleine Schritte gehen. Frage eine Frau nach einem Stift, einem Taschentuch oder nach dem Zucker. Es gibt viel Chancen, diesen kleinen Schritt zu tätigen.

Um dir zu helfen, solltest du dir überlegen, was im allerschlimmsten Fall passieren kann, wenn du eine Frau ansprichst und wie du in dem Moment reagieren kannst. Versuche diese Situationen durchzuspielen. Einige will ich dir aufzeigen:

1. Der Freund taucht auf: In dem Falle kannst du dich höfflich verabschieden. Keine Angst vor dem anderen Mann, er ist wahrscheinlich verunsicherter als du. Schlägereien gibt es nur im Kino.
2. Die Freundin taucht auf: Dann kannst du dich höfflich vorstellen und bindest die Freundin in das Gespräch ein.

3. Ein anderer Mann taucht auf: Dann stellst du dich vor, mit einem bestimmenden Ton und wickelst ihn in das Gespräch ein.

Du merkst also schon, es ist nur so schlimm, wie du es dir vorstellst. Baue dein Selbstbewusstsein auf und fange an, dich deiner Angst zu stellen. Nur so besiegst du deinen Hemmungen.

Wie gehe ich mit Zurückweisung um?

Zurückweisungen sind nie sonderlich schön, aber sie können passieren. Wie du damit umgehen kannst, das will ich dir nun in ein paar knappen Worten mit auf den Weg geben.

1. Du musst wissen, dass die meisten Frauen keine Kränkungen verteilen wollen.
2. Beziehe diese Zurückweisung niemals auf dich.
3. Behalte eine positive Meinung über dich selber.
4. Denke nicht darüber nach.

Mit einer positiven Meinung zu dir und deiner Person wird dich eine Zurückweisung nicht sonderlich treffen. Du wirst es schade finden, aber niemals wirst du dich danach schlecht fühlen. Halte dir immer vor Augen, dass du den Grund für die Zurückweisung nicht kennst und deswegen auch keine Gründe oder Fehler bei dir suchen kannst. Selbstrespekt ist der Schlüssel. Wer sich selber respektiert und liebt, wird auch mit einer Zurückweisung zurechtkommen.

Nachworte

Ich hoffe, dir hat dieser Ratgeber gezeigt, dass auch du Frauen ansprechen kannst. Gemeinsam sind wir durch viele Abenteuer gegangen und haben erkannt, was Frauen wollen, wie du mehr Selbstbewusstsein bekommst und wie du Frauen ansprechen kannst oder ihnen wenigstens dein Interesse bekundest. Also alles das, was direkt zu einem Flirt führen kann.

Nachfolgend will ich dir noch einen Rat mit auf den Weg geben. Jeder Mann kann Frauen ansprechen und kann erlernen, wie er Frauen kontaktiert und sie am besten für sich begeistert. Übung macht den Meister. Also gehe nach diesem Ratgeber raus in die Welt und beginne die Frauen anzusprechen, die auf dich warten. Viel Erfolg.

Haftungsausschluss

„Die Verwendung der Informationen in diesem Buch und die Umsetzung derselben erfolgt ausdrücklich auf eigenes Risiko. Der Autor kann für etwaige Unfälle und Schäden jeder Art aus keinerlei Rechtsgrund die Haftung übernehmen. Haftungsansprüche gegen den Autor für Schäden jeglicher Art, die durch die Nutzung der Informationen in diesem Buch bzw. durch die Nutzung fehlerhafter und/oder unvollständiger Informationen verursacht wurden, sind ausgeschlossen. Folglich sind auch Rechts- und Schadenersatzansprüche ausgeschlossen. Der Inhalt dieses Werkes wurde mit größter Sorgfalt erstellt und überprüft. Der Autor übernimmt keine Gewähr und Haftung für die Aktualität, Korrektheit, Vollständigkeit und Qualität der bereitgestellten Informationen. Druckfehler können nicht vollständig ausgeschlossen werden. Weiterhin beruht der Inhalt dieses Werkes auf den persönlichen Erfahrungen und Meinungen des Autors."

Impressum

1. Auflage

ISBN: 9798603694276

Kontakt: Jens Steingröver / Gerberstr. 3c / 87730 Bad Grönenbach

Coverfoto:

Multicultural hot couple hugging and going to kiss on railings on roof @ VitalikRadko (depositphotos.com)

Printed in Poland
by Amazon Fulfillment
Poland Sp. z o.o., Wrocław

56686558R00040